Civismo

Julie Murray

Abdo Kids Junior es una subdivisión de Abdo Kids
abdobooks.com

Abdo
NUESTRA PERSONALIDAD
Kids

abdobooks.com

Published by Abdo Kids, a division of ABDO, P.O. Box 398166, Minneapolis, Minnesota 55439.

Printed in the United States of America, North Mankato, Minnesota.

102020

012021

THIS BOOK CONTAINS RECYCLED MATERIALS

Spanish Translator: Maria Puchol

Photo Credits: iStock, Shutterstock

Production Contributors: Teddy Borth, Jennie Forsberg, Grace Hansen

Design Contributors: Christina Doffing, Candice Keimig, Dorothy Toth

Library of Congress Control Number: 2020930470

Publisher's Cataloging-in-Publication Data

Names: Murray, Julie, author.

Title: Civismo/ by Julie Murray

Other title: Citizenship. Spanish.

Description: Minneapolis, Minnesota: Abdo Kids, 2021. | Series: Nuestra personalidad | Includes online resources and index.

Identifiers: ISBN 9781098204037 (lib.bdg.) | ISBN 9781098205010 (ebook)

Subjects: LCSH: Citizenship--Juvenile literature. | Civics--Juvenile literature. | Community life--Juvenile literature. | Community involvement--Juvenile literature. | Spanish language materials--Juvenile literature.

Classification: DDC 323.6--dc23

Contenido

Civismo 4

Formas de ser un buen ciudadano 22

Glosario 23

Índice 24

Código Abdo Kids . . . 24

Civismo

El civismo es importante. Significa ser parte de una **comunidad**.

¿Cómo puedes ser un buen ciudadano? Hay muchas maneras.

Jess ayuda a limpiar el parque.

Recoge la basura.

Tim se ha caído. Ben le ayuda a levantarse.

Mia sigue las reglas de la clase.

Levanta la mano.

Wes tiene un puesto de limonada. Gana 50 dólares. Los **dona** para ayudar a los necesitados.

LEMONADE
50¢

Kate ya no necesita la botella.

La recicla.

Lou ayuda en casa.

Da de comer al perro.

¿Eres tú un buen ciudadano?

Formas de ser un buen ciudadano

ayudando a los demás

donando juguetes viejos

preparando una fiesta
en el vecindario

siguiendo las reglas

Glosario

comunidad
grupo de personas de un mismo vecindario o grupo con los mismos intereses.

donar
dar para ayudar a los necesitados.

Índice

amabilidad 10

beneficencia 14

cuidado de mascotas 18

limpieza del parque 8

quehaceres de la casa 18

reciclar 16

salón de clase 12

significado 4